RICARDO SADA

"NÃO SEI FAZER ORAÇÃO"

Um caminho possível

2ª edição

Tradução de Maria Cecília Duprat

@ @editoraquadrante
@editoraquadrante
@quadranteeditora
f Quadrante

QUADRANTE

São Paulo
2024

Título original
Acompañar a los jóvenes en la oración

Copyright © Minos Tercer Milénio, México

Capa
Gabriela Haeitmann

Dados Internacionais de Catalogação na Publicação (CIP)

Sada, Ricardo
"Não sei fazer oração" : um caminho possível / Ricardo Sada – 2ª ed. - São Paulo : Quadrante, 2024.

ISBN: 978-85-7465-673-1

1. Literatura devocional 2. Meditação - Cristianismo 3. Oração - Cristianismo - Meditações 4. Prática religiosa (Cristianismo) I. Degani, Marcia Terezinha. II. Título.

CDD 248.32

Índice para catálogo sistemático:
1. Oração : Cristianismo 248.32

Todos os direitos reservados a
QUADRANTE EDITORA
Rua Bernardo da Veiga, 47 - Tel.: 3873-2270
CEP 01252-020 - São Paulo - SP
www.quadrante.com.br / atendimento@quadrante.com.br

SUMÁRIO

PRÓLOGO 7

1. BUSCAR 11

2. ENCONTRAR 35

3. VER 45

4. COMUNICAR 63

5. AMAR 79

Epílogo
O MELHOR ORATÓRIO POSSÍVEL 91

Neste esforço de identificação com Cristo, costumo distinguir como que quatro degraus: procurá-lo, encontrá-lo, tratá-lo, amá-lo. [...] Procurai o Senhor com fome, procurai-o em vós mesmos com todas as forças. Se atuardes com este empenho, atrevo-me a garantir que já o tereis encontrado, e que tereis começado a tratá-lo e a amá-lo [...].

— São Josemaria Escrivá, *Amigos de Deus*, n. 300.

PRÓLOGO

Neste livro consta *uma possível forma de fazer oração*. São muitos os modos de fazê-la, e por isso não há por que seguir este, caso não o inspire. Procure outros, mas não fique sem rezar. Os velhos Padres da Igreja diziam: "As aves voam, os peixes nadam, mas o homem reza". O homem que reza, o *homo orans*, é anterior ao *homo faber* e ao *homo sapiens*.

Nisto consiste, no fim das contas, a grandeza do homem; poderíamos mesmo dizer que o homem só é grande quando reza.

Para tornar mais simples as coisas, a Igreja, em seu *Catecismo*, resumiu em três grandes grupos as formas de rezar. São eles:

A oração vocal (nn. 2700-2704).
A meditação (nn. 2705-2708).
A oração contemplativa (nn. 2709-2719).

Descreve-se aqui um exemplo do *terceiro* modo, isto é, da oração contemplativa. Não o esgotaremos; tudo o que desejamos fazer é apresentar *uma forma possível de nos introduzirmos nesta forma de rezar.* Repito: se ela não o inspira, procure outra — seja segundo este modo ou segundo os outros dois. Talvez seja útil recorrer aos pontos do *Catecismo* acima mencionados. Mas digo mais uma vez: não fique sem rezar, pois sua verdadeira riqueza está dentro de ti e só é descoberta quando se faz oração.

O primeiro dos três modos de rezar — a oração vocal — consiste em empregar palavras fixas, fórmulas já prontas. Podemos dizê-las em voz alta ou só interiormente. Esse modo de rezar inclui o Pai-nosso, a Ave-Maria, o Terço, a Via Sacra e também a Missa, que é primordialmente uma oração vocal. Em todas essas práticas, nos dirigimos a Deus com fórmulas feitas. Também são orações vocais as exclamações ou frases breves que se lançam ao céu chamadas *jaculatórias* ("jaculatória" vem do latim *iacula*, que significa "flecha").

Nos outros dois modos, a oração não se expressa necessariamente com palavras fixas, mas adota uma série de possibilidades. Dividem-se, como já se disse, entre *meditação* e *contemplação*. Todos, em algum momento da nossa vida, já teremos praticado os dois. Quando procuramos resposta a alguma questão difícil, recorremos ao Senhor para ouvir Seu parecer; fazemos, então, oração de meditação. Também a fazemos quando formulamos propósitos, ou quando examinamos, na presença de Deus, como se manifestam em nós o orgulho ou a preguiça. O outro tipo de oração — a contemplativa —, a teremos feito talvez em algum entardecer, possivelmente no interior de uma igreja vazia e silenciosa, quando nossa alma se sentiu invadida por uma paz profunda ao perceber a presença próxima do Senhor. Naquela tarde, sem nos termos proposto nada, fizemos oração contemplativa.

Esses são, pois, os três grandes blocos em que pode expressar-se nossa oração. Aqui falaremos *de um modo possível dentro do terceiro bloco*. Isso não significa que os outros não têm importância, e sim que apenas tentaremos esse.[1] Ele será apresentado na forma de uma conversa com Jesus (ao pé das páginas aparecerão referências que dão respaldo ao que foi dito. Não é imprescindível que você as leia: só o faça caso não entenda o que se explicou acima ou caso queira se aprofundar).

Há alguns itens intitulados "Laboratórios". Foram incluídos porque na oração, mais do que no estudo, é pela prática que aprendemos.

---

(1) A Igreja ensina que este modo supera os demais porque conduz "até ao conhecimento amoroso do Senhor Jesus, até à união com Ele" (*Catecismo da Igreja Católica*, n. 2708).

Por isso, nessa seção você é convidado a tentar fazer — do seu modo — o que foi explicado na teoria. De vez em quando colocam-se aí diálogos breves entre Jesus e qualquer um de nós. Não é preciso que os faça seus, uma vez que refletem apenas um modo possível — entre milhares — de comunicar-se, o qual lhe pode ser útil ou não.

Tudo isso não são mais do que recursos pedagógicos que podem ser de alguma valia. Afinal, o que realmente importa vem, como sempre, da ação do Espírito Santo, que nos leva até Jesus (não obstante Jesus espera, da nossa parte, que façamos o possível para que essa elevação e esse contato aconteçam).

Em toda a história da humanidade, houve grandes mestres de oração com cuja experiência aprendemos. No entanto, quando se trata de oração contemplativa, há uma pessoa absolutamente insuperável: Maria, a Mãe de Jesus. Ninguém como Ela chegou em grau tão profundo e permanente "até o conhecimento amoroso do Senhor Jesus, até a união com Ele".[2] A suas mãos puríssimas confiamos nossos esforços, a fim de que, com sua materna e carinhosa companhia, nos animemos a fixar em Jesus o olhar do nosso coração.

---

(2) *Ibidem*.

1. BUSCAR

Quem procuro?

Na oração procuro a Ti, Jesus.¹
Assim o faço porque és o caminho para chegar ao Pai.²
Sim, Jesus, Tu mesmo és a direção a que se volta minha oração. Nela almejo o *encontro pessoal* contigo, Jesus vivo.
Jesus vivo: assim me livras do perigo de tratar-Te como se à distância, como se estivéssemos

---

(1) "É procurado, porque desejá-Lo é sempre o começo do amor" (*Catecismo da Igreja Católica*, n. 2709).

(2) "Ninguém vai ao Pai se não é por mim" (Jo 14, 6). "A santa humanidade de Jesus é, pois, o caminho pelo qual o Espírito Santo nos ensina a orar a Deus nosso Pai" (*Catecismo da Igreja Católica*, n. 2664). "Para nos aproximarmos de Deus, temos de enveredar pelo caminho certo, que é a Humanidade Santíssima de Cristo" (São Josemaria Escrivá, *Amigos de Deus*, Quadrante, São Paulo, 2018, n. 299).

longe um do outro, como se Tu permanecesses numa dimensão que não tem nada que ver com a que vivo. Não: converso contigo aqui e agora porque estás vivo e estás comigo.[3]

Eis o que procurarei fazer sempre em minha oração: procurar-Te. Sei que precisarei dar, depois, outros passos: encontrar-Te, olhar, falar, ouvir, amar, permanecer contigo... Mas, primeiramente, devo procurar-Te com desejos do encontro. Procurar-Te, Jesus, o Filho de Deus feito homem. Não rezo para encontrar a mim mesmo em atitude intimista, como a do poeta que dizia que, "para andar comigo, bastam-me meus pensamentos". A mim não bastam meus pensamentos, pois estou procurando os Teus. Por isso, minha oração também não

---

(3) "E se trata de um Cristo vivo, concreto: o Cristo", diz São Paulo, "que me amou e se entregou a si mesmo por mim" (Gl 2, 20). "Esta pessoa que me ama, com a qual posso falar, que me escuta e me responde, este é realmente o princípio para entender o mundo e para encontrar o caminho na história" (Bento XVI, Audiência geral, 22/10/2008). "Os cristãos [...] não são os discípulos de um sistema filosófico: são os homens e as mulheres que fizeram, na fé, a experiência do encontro com Cristo" (São João Paulo II, *Mensagem*, XII Jornada Mundial da Juventude, 15/08/1996).

será como uma técnica de reflexão mental, ou um método de superação pessoal, tampouco um modo de introspecção psicológica. Não. Não repetirei um *carma*, como na meditação transcendental, nem esvaziarei minha mente fixando-me em certo ponto especial do universo. Nada disso. Minha oração deseja ser encontro com uma Pessoa, e para isso rezo: para procurar-Te.

Procuro a Ti, Jesus de Nazaré, o Filho de Deus feito Homem, nascido de Maria sempre Virgem. Buscarei trazer-Te, com minha fé e meu amor, do passado histórico (o homem que viveu na Palestina num tempo remoto) para encontrar-Te presente e atuante no meu dia de hoje. Ou melhor: buscarei trazer-Te do Céu, onde estás à direita do Pai, para este instante meu que é também o Teu, no qual ouvirei Tua respiração e o palpitar de Teu coração.

Quem és Tu, o Jesus que procuro?

Estou em busca de Ti, Jesus de Nazaré. Teus contemporâneos precisavam ser específicos, pois havia muitos ali com o mesmo nome: Jesus. Para mim, ser específico também é necessário, porque posso criar uma falsa imagem Tua. Por isso procuro a *Ti,* o *Jesus Nazareno*.

Procuro a Ti, Jesus de Nazaré — o filho de José, o rabi, Yeshua bar Yoseph. Os que Te viram notaram que Teus olhos eram de cor muito precisa e que Tua voz possuía um timbre muito pessoal, graças ao qual Maria Madalena Te reconheceu na manhã da Ressurreição. Tinhas o costume de partir o pão de determinada forma, e os discípulos de Emaús não o tinham esquecido. Um homem — e és homem de verdade — é uma soma de detalhes. Teus amigos conheciam o modo como tomavas teu copo de vinho e a que altura colocavas o guardanapo. Às vezes, desconcertados, tentavam compreender o porquê de Tuas reações. Também desejo descobri-lo. Em suma, estou procurando a Ti, o Filho de Deus que se fez homem.

Na época falavas arameu, língua semita próxima ao fenício e ao hebraico. Teu sotaque logo Te delatava: eras da região da Galileia. Os judeus desprezavam os galileus, e carregavas sempre este inconveniente em Tua missão pregadora. Hoje falas comigo em minha língua materna — e se falo contigo em outra, também nessa me entendes: conheces todas, pois és a Sabedoria infinita. Falas comigo, inclusive, com gírias de meu ambiente, com essas expressões que entendo tão bem.

Galileia foi Tua pátria. Aí passastes quase toda a Tua vida oculta e três quartos de Tua vida pública. Um pequeno povoado de Nazaré foi onde fizeste residência. Trabalhaste como carpinteiro, mas depois adotaste um tipo de vida seminômade, o que começou a parecer um pouco estranho até para Teus familiares. Para quase todos, tratava-se de algo meio misterioso; havia algo em Ti que não conseguiam explicar. Sim, tanto à época quanto agora és desconcertante: és sempre maior do que qualquer explicação. Transcende todas.

Pagaste todos os anos o tributo a César. Tuas ideias refletem um forte influxo do mundo rural palestino. Vestias túnica de linho e, nos dias mais frios, manto de lã com bordas azuis.

Provavelmente ostentavas barba e cabelo comprido. Tua alimentação era frugal: pão, legumes, peixe, figos secos.

Nasceste de uma filha de Israel, descendente da casa de Davi, em Belém, no tempo do rei Herodes, o Grande, e do imperador César Augusto. Teus pais inscreveram-Te no registro civil, aproveitando um censo promulgado por Cirino, quando governava a Síria. Os documentos históricos de trinta e tantos anos mais tarde Te apresentam crucificado em Jerusalém sob o procurador Pôncio Pilatos, durante o reinado do imperador Tibério.

Estou em busca de Ti, Jesus de Nazaré.

Além de perscrutar os dados de Tua identidade humana, confesso inseparavelmente Tua verdade divina. Junto com Tua genealogia terrena, declaro Tua genealogia celeste. Tu, Jesus, este que coloquei como objeto de minha busca, és o Filho eterno do Pai, "saído de Deus".[4] És a própria Sabedoria divina que "desceu do céu",[5] que "encarnou",[6] pois "o Verbo se fez carne e habitou entre nós, e nós vimos Sua glória, glória que Lhe corresponde como Unigênito do Pai, cheio de graça e de verdade [...], de Sua plenitude todos recebemos graça sobre graça".[7]

Porém, bastam esses traços para que Te conheça? Como conhecer-Te não só pelos Teus traços físicos ou Teu porte externo, mas também na profundidade de Tua alma? Como perceber o mistério do Teu olhar, e como interpretar a mensagem do Teu sorriso?

Sim. Tu és o Jesus concreto que eu procuro.

———

(4) Jo 13, 3.

(5) Jo 3, 13; 6, 33.

(6) 1 Jo 4, 2.

(7) Jo 1, 14-16.

Mas onde procurar-Te, Jesus?

Se ao fazer oração procuro a Ti, Jesus de Nazaré, Filho de Deus vivo, minha pergunta seguinte deve ser: e onde procurar-Te?

Posso fazê-lo fora de mim, por exemplo, na natureza, pois Teu Pai celeste criou tudo a partir de Ti, Sabedoria infinita, e Tu, de modo misterioso, estás em todas as coisas e em cada uma das realidades criadas.[8] A profundeza dos mares, a harmonia das estrelas, o gorjeio dos pássaros e o silêncio dos bosques me revelam algo de Ti.

Sei também que posso procurar-Te em cada homem, pois em cada um Te escondes, não obstante tenhas predileção por ocultar-Te nos mais pobres, nos mais doentes, nos mais desamparados. Algo de estranho acontece comigo quando me encontro com eles... É como se recebesse manifestações reveladoras de Tua presença, daquilo que estou buscando sem terminar de encontrar.

---

(8) "Por Ele foram criadas todas as coisas que estão na terra, visíveis e invisíveis [...]; tudo foi criado por Ele e para Ele. E Ele é antes de todas as coisas e por Ele todas as coisas subsistem" (Cl 1, 16-17).

Sei, ademais, que também posso procurar-Te em Tua palavra, esta que nos deixaste na Bíblia. De fato, por meio desses textos continuas conversando comigo e com cada um. Tentarei vislumbrar Teus lábios quando pronuncias aquelas frases e captar sua profundidade, pois, ao mesmo tempo que as escuto, vejo a luz de Teu olhar que se dirige a mim.

Também posso buscar-Te, é claro, na Tua presença real em cada Hóstia, tanto se comungo como se Te visito oculto em qualquer sacrário. Afinal, para isso nos deixaste este presente — para que o Sacramento fosse sinal indicador de onde poderíamos encontrar-Te. Muitos creem em Teu poder, mas nem tantos creem em Teu amor.

Sei, porém, que tenho fundamentalmente de buscar-Te em meu interior.[9]

Com efeito, em qualquer dos casos anteriores — no meu próximo, na Criação, na Eucaristia, em Tua palavra —, minha busca poderia deter-se a alguns metros de Ti, e então

---

(9) "Mas para designar o lugar de onde brota a oração, as Escrituras falam às vezes da alma ou do espírito ou, com mais frequência, do coração (mais de mil vezes). É o coração que ora. Se ele estiver longe de Deus, a expressão da oração será vã" (*Catecismo da Igreja Católica*, n. 2562)

serias alguém distante com o qual não me envolveria por completo. De que serviria, pois, ler na Bíblia que nasceste em Belém, se não procuro que nasças também em meu coração? Ou acreditar que há dois mil anos ressuscitaste do sepulcro, se nunca Te encontro ressuscitado e vivo?

Por Madras, na Índia, circula uma lenda. É um pouco irreverente, mas serve para entender onde Te devo procurar. Diz que querias brincar de esconde-esconde com o homem e não sabias onde esconder-Te. Então, pediu conselho a Teus assessores, e um deles recomendou que fosses ao cume da mais alta montanha. Ali, entre os picos nevados, quase inacessíveis, não ocorreria a ninguém Te procurar. Outro propôs duas alternativas: que Te escondesses no bosque mais cerrado ou no mais profundo do oceano. Também aí não seria fácil achar-Te. Um terceiro aconselhou-Te a entrar num armário. Por fim, o mais esperto de Teus assessores sugeriu: "Esconde-Te no coração do homem. É o último lugar onde cogitará Te procurar".

Tu vives, o Verbo eterno feito homem, no mais profundo do meu coração. Por isso há tanta gente que julga difícil ou enfadonho rezar. Os homens de nossa época, como bem o sabes, não costumam apreciar o mundo interior.[10] Deixam, então, de Te procurar; abandonam a oração ou a fazem de modo precipitado e rotineiro. Não se metem no mundo interior, pois estão acostumados a viver só para fora.

Sim, para encontrar-Te não há outro jeito senão procurar-Te dentro do meu coração.[11]

Terei de descer até o mais profundo de meu eu. Procurar-Te em meu coração pede algo como entrar numa casa e descer um andar e depois outro, até chegar ao andar derradeiro. Aí, no mais profundo do meu eu, estás Tu, Jesus; aí Te encontrarei, e então poderei conversar contigo.

Como introduzir-Te dentro de mim?

Um porão profundo. Algo parecido com o fundo de um poço. Terei de calar os ruídos e as imagens de fora. E também as de dentro,

---

(10) "É neste silêncio, insuportável para o homem 'exterior', que o Pai nos diz o seu Verbo encarnado" (*Catecismo da Igreja Católica*, n. 2717).

(11) "Busca dentro de ti", convidava Santo Agostinho; "é no interior do homem que habita a verdade" (*Sobre a religião*, 39, 72).

aquelas que me levariam por um caminho diferente daquele em que estás.

Fecho os olhos e vejo tudo escuro. Sei que no meu interior há um mundo próprio, que quase nunca visito. Sei que me esperas nele, e por isso tento chegar lá.

Tu, Jesus, não és amigo do barulho e da dispersão.[12] Por isso devo recolher minha vista, meus ouvidos.[13] Para estar contigo, necessito de um lugar tranquilo, silencioso, sem distrações. Pode ser o meu quarto, quando estou sozinho nele; pode ser uma igreja solitária. Por isso me ajuda fechar os olhos e, se é preciso, tapar meus ouvidos com as mãos. Não quero que nada me distraia, pois hoje desejo chegar até Ti.

Compreendo que, para permanecer sereno, é preciso tempo. Se não aprendo a *perder tempo*

---

(12) "Deus não fala ao homem até que o homem tenha conseguido restabelecer a calma em si mesmo" (Alexis Carrel).

(13) "(Deus), essencial e presencialmente, está escondido no íntimo de tua alma. [...] Por que não O encontro e não O sinto? [...] Porque está escondido e tu não te escondes [...] até o escondido onde Ele [...] está. Ao permanecer escondido com Ele, tu te sentirás também escondido [...], tu O amarás, te alegrarás e te deleitarás com Ele escondido" (São João da Cruz, *Cântico espiritual,* B, 1, 6).

procurando-Te — muitas vezes, e por muito tempo —, a união íntima e amorosa a que me convidas não passará de uma bela ilusão.

Dá-se como no amor humano. Às vezes, o amor humano é uma boa referência para minha relação contigo. Quanto tempo os namorados dedicam a suas conversas, a seus encontros? Quanto duram suas conversas pelo celular ou pelo computador?

Vejo que sempre tens tempo para mim, ainda que eu quase nunca tenha tempo para Ti. Preciso buscar-Te, colocar-Te como prioridade. Tenho amigos que "conversam" três ou quatro horas diárias. Outros dedicam a séries e filmes boa parte de seu tempo livre. Não poderia eu dedicar só a Ti quinze ou vinte minutos diários, ou mesmo meia hora?

Sim: sei que devo dedicar tempo, às vezes prolongado, até conseguir a serenidade de espírito que me ajude a chegar ali onde Te encontras. Estou ciente, afinal, de que o exercício da oração exige, como primeiro requisito (assim como no amor), *a atitude de estar* — mas um *estar* conscientes de que *estamos*, e não um estar apenas de corpo presente, com o interior cheio de dissipações.

Muitos são os inimigos mortais de meu recolhimento. São *mortais* porque *matam* minhas tentativas de comunicar-me contigo.

Por exemplo, o frenesi do ativismo, o borboletear da curiosidade, a escravidão do relógio, minha imaginação louca a inventar fantasias, a diversão, a moda, as manipulações dos meios de comunicação, as sugestões da tecnologia...

Também não consigo estar contigo quando meu interior se acelera, quando pego-me inquieto por alguma coisa que irá acontecer, quando me invade a pressa, quando tenho urgência de *fazer algo*, ou ainda a ânsia por terminar o quanto antes... Em todos esses casos, minha alma permanece à janela do coração, à porta de entrada, ou correndo velozmente para fora de mim. Tenho de fechar todos os acessos, chegar ao ponto mais profundo; então terei boas possibilidades de Te encontrar.[14]

Ajudou-me o que diz o poeta: *"Se os olhos abertos servem para ver a vida, com os olhos fechados vê-se o amor"*.[15]

---

(14) "Nunca se valorizará adequadamente a importância deste íntimo diálogo do homem consigo mesmo. Mas, na realidade, este diálogo é o diálogo do homem com Deus" (São João Paulo II, *Veritatis splendor*, n. 58).

(15) Cf. Amado Nervo, *Elevación*, 1917.

Quem me ajudará a recolher-me?

Jesus, para encontrar-Te preciso estar sereno.

O primeiro recolhimento que me pedes é o de meus sentidos exteriores: a visão, a audição, o paladar....

Seria quase impossível encontrar-Te se toda sexta-feira selecionasse uma infinidade de filmes e séries para assistir no final de semana, dado que tenho grande necessidade de descansar. O mesmo aconteceria se vivesse conectado no celular ou navegando descontroladamente na internet, se tivesse a cabeça "cheia" de músicas, ou se lesse indiscriminadamente jornais, revistas, frivolidades...[16]

---

(16) "Distrair-te. — Precisas distrair-te..., abrindo muito os olhos, para que entrem bem as imagens das coisas, ou fechando-os quase, por exigências da tua miopia... Fecha-os de todo! Tem vida interior, e verás, com cor e relevo inesperados, as maravilhas de um mundo melhor, de um mundo novo: e terás intimidade com Deus..., e conhecerás a tua miséria..., e te endeusarás..., com um endeusamento que, aproximando-te de teu Pai, te fará mais irmão dos teus irmãos, os homens" (São Josemaria Escrivá, *Caminho*, Quadrante, São Paulo, 2019, n. 283).

Sim, primeiro terei de recolher meus sentidos exteriores, sobretudo a visão e a audição, impedindo que me invadam imagens e sons. Depois, virá o exercício de tranquilizar minhas paixões, minhas emoções. Pois, se me ponho a rezar com a sensibilidade desordenada — os afetos, os ódios, as tristezas, os medos —, não serei capaz de fazê-lo; preciso conseguir a serenidade.

Então, Jesus, que meios me deixaste Tu para tranquilizar minhas paixões? O que pode me ajudar?[17]

Qual é o *objeto sensível* que posso apresentar-lhes, para que não me atrapalhem, mas ajudem-me a chegar a Ti?

Tu mesmo.

A resposta é Tu.

---

(17) Para a nossa sorte, as paixões não são racionais (ou, melhor dito, só são racionais por participação), e por isso não têm capacidade de decidir. Movem-se de acordo com os objetos que a inteligência lhes apresenta. Esses objetos devem ser sensíveis e não inteligíveis, pois elas são, precisamente, apetites sensitivos. Reagem de acordo com o objeto sensível que recebem, com mais ou menos força a depender da intensidade do objeto e do grau de emotividade do indivíduo.

Não tenho dúvidas de que o principal objeto sensível que nos deixaste é Tua *humanidade santíssima*.

Por isso, minha busca consistirá fundamentalmente em encher-me da segurança de que estás vivo e comigo. Assim meu interior desfrutará de um alimento insubstituível, impedindo-me de voar descontroladamente por universos fantásticos.[18] Se minha imaginação já me levou para tão longe de Ti, quero agora usá-la ao meu favor. Auxiliado pela Tua graça, minha imaginação me permitirá penetrar neste mundo onde Te encontras, ainda que se trate de um mundo que não posso ver nem tocar: o mundo da fé.

Sim: minha imaginação, minha memória, meu coração — tudo isso me será útil para obter uma fé que não seja abstrata, mas materializada e voltada a conquistar o hábito de conviver e me comunicar contigo, Pessoa presente e viva que permanece continuamente

---

(18) "Não te distraias, não deixes a imaginação à solta: vive dentro de ti e estarás mais perto de Deus" (São Josemaria Escrivá, *Forja*, Quadrante, São Paulo, 2016, n. 1023).

dentro de mim.[19] Tens uma realidade *imaginável*, uma vez que possuis para sempre uma Humanidade assumida na Pessoa divina: apresentas determinada cor de cabelo, um tom de voz preciso, feições que são tuas, distintas de qualquer outra... No Teu rosto, posso vislumbrar o brilho do Teu olhar.

Laboratório para procurar-Te, Jesus

Chego na minha casa à tarde, já escurecendo. Quero fazer oração. Vou para meu quarto e fecho a porta, lembrando de Teu conselho: *Quando fores orar, entra no teu quarto, fecha a porta e reza* (Mt 6, 6).

Tento evitar qualquer tipo de barulho exterior; também procuro silenciar os ruídos interiores. Apago a luz, sento-me no chão, apoiando minhas costas na cama. Fecho os olhos. Tranquilizo-me, respiro fundo várias vezes. Estou em posição cômoda, relaxada.

Tenho tempo, pois já acabei minhas tarefas e ainda não é hora de jantar. Não há nada urgente me aguardando, nem passam pela minha cabeça mil coisas para fazer. Esqueço-me do

---

(19) "Aquele que me ama, meu Pai o amará, e viremos a ele, e nele faremos nossa morada" (Jo 14, 23).

computador, do celular, da televisão, da música, do que farei no fim de semana, do que fiz hoje. Neste tempo, procuro recolher-me dentro de mim, pois ando à Tua procura.

Como estou com os olhos fechados, vejo tudo escuro. Se for preciso, coloco minhas mãos sobre os olhos para conseguir uma escuridão ainda maior. Ou, se algum barulho me estiver distraindo, utilizarei as mãos para tapar meus ouvidos. O que quero é um isolamento total. Preciso estar em completa solidão e silêncio. Quero encontrar-Te.

Agora, coloco minha imaginação para trabalhar.

Imagino Teu rosto, Jesus. Procuro vê-lO o mais claro e definido possível.

Observo a cor do Teu cabelo, o corte da Tua barba.

Percebo a forma como sorris para mim e insiro-a na expressão do Teu rosto.

Tenho já alguma imagem Tua? Nada importa se para isso me vem à cabeça algum quadro, pintura. Procuro ver-Te na minha frente, com minha imaginação, porque agora Tu és meu Jesus.

Uma vez que tenha delineado Teu rosto — o rosto que imaginei —, coloco-O em movimento.

Jesus, estás aí, sentado na minha frente. Se continuas em minha cabeça como quadro ou figura, deverei elevar minha fé, pois estás vivo, ressuscitaste para nunca mais morrer. E estás comigo assim, vivo, ressuscitado, tal como saíste do sepulcro.

Jesus, agora estás aí, sentado na minha frente.

Percebo que estás olhando para mim.

Sim, olhas para mim, e não para uma multidão anônima, nem sequer para os apóstolos com quem conviveste nesta terra.

Não, agora olhas para mim, que estou na Tua frente.

Então direi: "Olá, Jesus".

E me responderás: "Olá", acrescentando meu nome, quiçá meu apelido — o modo como me chamam aqueles que me querem bem.

Permaneço muito tempo assim, sabendo que me vês.

Chega, então, o momento crucial. Preciso crer no que está acontecendo. Preciso afastar a tentação de pensar que criei uma fantasia e que tudo não passou de exercício da minha imaginação.

Desde que fui batizado, Tu me deste a fé. Agora, tenho de fazê-la viva.

Creio que vejo-Te, Jesus.

Que estás comigo agora.

Creio pois, do contrário, acharei que estou a inventar histórias e que meu diálogo contigo é mero sonho.

Sim? És Tu?

Desejo dar-Te meu sim, o presente da minha fé, da minha confiança.

Gostarás de saber que estou à Tua procura, que desejo realmente encontrar-Te. Verás que valeu a pena ter-Te feito homem e que continua valendo a pena sê-lo para sempre, pois foi para isso que vieste, para que Te encontremos, para que possamos unir-nos a Ti. Gostarás de saber que posso encontrar-Te graças à Tua encarnação: que, como és Homem — homem de carne e osso como eu —, tens um rosto, um sorriso, que expressam um amor inefável.

Busco agora a cor de Teus olhos.

Percebo a forma como olhas para mim.

Tento compreender o que desejas me dizer com o olhar.

Já o compreendi? Sim ou não?

Volto agora a elevar minha fé. Creio, torno a crer não só que estás comigo, mas também que, com o brilho dos Teus olhos, me estás comunicando alguma coisa, que com Teu olhar estabelece um diálogo comigo.

Tento decifrar o que este olhar me diz. É compassivo? Amável? Carinhoso? Queres pedir-me, com ele, alguma coisa? Estás contente com nosso encontro de hoje?

Talvez neste momento eu tenha experimentado um ambiente cálido, que me fará dizer:

"Que bom é estar contigo, Jesus!". É porque, em Ti, encontro reunidas todas as alegrias que me proporcionam a companhia e a conversa com quem mais amo.

Corolário: Alice no país das maravilhas

Cenários como este — ou qualquer outro parecido: para encontrar-me com Maria, por exemplo — acabarão por tornar mais fácil que encontre a Ti, que me comunique contigo. Tentarei pô-los em prática ao menos alguns minutos por dia. Os que fazem isso me dizem que conseguem resultados excelentes.

Esses resultados são descobertas de novos mundos — mundos maravilhosos, nos quais se saboreia o céu. Porque o céu é estar contigo, Jesus. Confio em que também eu serei capaz disso, pois me convidas à união e à comunicação, com um amor tão grande que não consigo imaginar.

Tu me chamas para viver nesses "mundos maravilhosos". Poderei "criar mundos maravilhosos" ilimitadamente. Com a ajuda dos mistérios de Tua vida, poderei contemplar Tuas reações — os sentimentos mais profundos do Teu coração — e assimilá-las ao meu, ouvindo as recomendações Tuas.

Também poderei fazer com que estejas sempre ao meu lado, convivendo comigo. Por exemplo, na mesma mesa, durante os estudos, ou enquanto corro pelas pistas de corrida. Poderei ir ao Céu e viver contigo no meio dos anjos e santos, que louvam nosso Pai celeste.

Sim! Mundos maravilhosos como os de Alice.

Ajudou-me recordar a história de Alice. Estava ela sentada às margens de um rio, durante uma tarde quente. Estava também chateada. De repente, porém, aconteceu algo inesperado: um coelho branco e de olhos vermelhos surgiu. Trajava um terno e parecia com pressa. Enquanto olhava para o relógio de bolso, ia dizendo: "Meu Deus, como vou chegar tarde!".

Não é normal que os coelhos falem, pensou Alice, e aí começou sua aventura. A menina seguiu o coelho, meteu-se em sua toca... e começou a cair num poço profundo. Ao pisar no chão, conseguiu vislumbrar uma pequena porta. Empurrou-a e, em seguida, descobriu um novo mundo: o país das maravilhas.

Este conto parece o processo da oração com a qual Te procuro. Os coelhos não falam, mas o de Alice falava. Também não parece que as estrelas possam falar, que os acontecimentos expressem algo, ou que nos digam muito os sacrários silenciosos. Não parece que Tu,

Jesus, tenhas falado comigo em Tua vida terrena, pois teus interlocutores foram Pedro ou João, Madalena ou Pôncio Pilatos... Tampouco parece que fales muito no meu coração. Porém, os que aprendem a fazer oração observam o contrário. Quando me meto no buraco onde se meteu Alice, quando desço pelo túnel escuro da fé onde ela caiu e abro a pequena porta, tenho acesso ao país das maravilhas. Sim: um mundo muito mais surpreendente que o descrito por Lewis Carroll, porque ali, desde sempre e para sempre, Tu me estás esperando.

2. ENCONTRAR

Encontrar

Meu primeiro objetivo neste modo de fazer oração foi procurar a Ti. O próximo, Jesus, será encontrar-Te. Se procurei *alguém*, o lógico será encontrar esse *alguém* — encontrar a Ti.

Procurei a Ti, Jesus de Nazaré, o Filho de Deus feito homem. Sei que deveria buscar-Te com verdadeiro desejo de ter esse encontro. A expressão a encerrar minha busca deve ser: "Sim, é Ele!". Ou melhor: "Sim, és Tu!". Então, meu desejo terá alcançado seu objetivo.

Nosso encontro, Jesus, como todo encontro, dá-se entre duas pessoas. Em minha oração, és Tu uma delas. A outra obviamente sou eu. Sei que este é o segredo da oração. Afinal, a oração é por natureza o encontro de dois interlocutores. Duas pessoas — Tu e eu — que coincidimos não só no tempo e no espaço, mas sobretudo na atenção mútua. "Estamos" um com o outro.

Nesse encontro, poderias dizer-me: *"Não quero tanto que estejas em minhas coisas, mas comigo"*.

Tu és a chave para saber se realmente faço oração. De fato, posso acompanhar um doente enquanto leio um livro, e isso será uma coisa boa. Todavia, melhor ainda seria não ler nada e olhar para ele, conversar com ele, escutá-lo, tentar compreender sua situação, manifestando-lhe meu carinho com o calor do encontro pessoal. Ao fazer minha oração, poderia estar aqui para ler e ler. Mas isso não seria um verdadeiro encontro pessoal contigo.

Algo parecido ocorre nas peças de teatro. Para apresentar uma peça, é preciso montar o cenário. Contudo, quando vou ao teatro, não me fixo na cenografia, mas na atuação e, sobretudo, no protagonista. Assim também na oração. Sei que não devo me fixar no cenário, mas estar contigo, que é o protagonista.

No fim, o importante é Tua pessoa. Amar-Te! O resultado de minha busca é fazer com que saias do anonimato, é tratar-Te como indivíduo singular e concreto, é não deixar que sejas uma incógnita em minha vida.

Devo tomar consciência de que "és" e "estás", para assim poder dizer: "Que bom que és, Jesus!". "É maravilhoso que existas, e mais maravilhoso é que estejas perto de mim, comigo". Então, como "és" e "estás" — e estás tão perto —, serei educado contigo, falarei com toda a correção possível e com toda a sinceridade do meu coração. És, pois, uma Pessoa.[1]

Em que situação estamos nós, os interlocutores?

Nosso encontro se dará no interior de cada um. Tu, Jesus, e eu; Tu, Jesus, e todo aquele que tentar fazer oração. Pensar um pouco nessas duas pontas será de muita valia para mim.

Em que situação estamos?

---

(1) O arcebispo da Cidade do México Luis María Martinez (1881-1956) escreveu numa ocasião: "Lembro-me de uma alma que chegou a um alto grau de contemplação por este procedimento simples. Dizia a si mesma: 'Se eu visse Nosso Senhor, que sentiria? Que lhe diria? Como me comportaria com Ele?'. Então, avivava sua fé e voltava a dizer para si mesma: 'Eu não O vejo com os olhos, mas minha fé me assegura de que está no sacrário. Portanto, se está diante de mim, quer dizer que devo sentir, dizer e fazer o que sentiria, diria e faria se com meus olhos corporais O estivesse vendo'. Deste modo, avivava sua fé e facilitava sua comunicação com Deus".

Provavelmente será mais fácil saber em que situação estou.

Refletindo um pouco sobre mim, tomo ciência de meu estado de ânimo, do que guardo no meu interior — se estou cansado, preocupado, abatido, ou ainda feliz, animado, entusiasmado... Sim, isso é fácil de saber: basta que me meta um instante dentro de mim.

Decerto também Tu o sabes, Jesus. Vês meu interior muito melhor que eu e vês o estado de minha alma com muito mais clareza do que vejo. Com efeito, vives em mim e estás sempre buscando nossa união. Portanto, tentarei me apresentar diante de Ti como sou. Sem disfarces nem maquiagens. Seria um absurdo apresentar-me com um "rosto" diferente daquele que vês. Sim, pois Tu me vês exatamente como sou.

Agora, em que situação estás Tu, Jesus?

Sei que as respostas a esta pergunta são ilimitadas.

Poderei cruzar meu caminho com o Teu em algum dos episódios de Tua vida terrena; poderei encontrar-Te ressuscitado, compartilhando minha vida; poderei ver-Te na glória de Teu Pai, assim como Te verei no dia do meu juízo; ou talvez Te encontre falando comigo com alguma de Tuas frases prediletas.

Ou ainda descobrir-Te-ei silencioso e oculto na Eucaristia, ou no doente que requer minha atenção, ou na tempestade, ou no olhar de uma criança, ou simplesmente ao meu lado, com toda a naturalidade do mundo.

Mas, no final, em qualquer dessas situações, terei de encontrar-Te no meu coração. Aí é onde sempre se dá nosso encontro.

Tu, Jesus, és infinito, e isso faz com que os encontros contigo sejam sempre novos. Em cada um posso descobrir um detalhe insuspeitado, ou uma manifestação de Tua bondade, de Teu amor, de Tua misericórdia. Por isso, minha oração, mais do que uma técnica, é uma arte. E terei de desenvolvê-la não só de acordo com Tua grandeza, mas também segundo minha criatividade, à minha maneira.

Sim: ninguém poderá realizar esse encontro contigo, Jesus, da mesma maneira como eu o faria.

A oração é o encontro de duas pessoas que são, na realidade, elas mesmas.

Tentarei ser "eu" quando for encontrar-me contigo.

Procurarei ir-Te conhecendo nas mais diversas situações em que posso achar-Te.

Depois, simplesmente, deixarei nosso encontro "fluir".

Neste encontro, Jesus, sente-se algo?

Sei que vez ou outra sentirei algo. Mas sei também que isso não será a regra. A maneira mais fácil de me comunicar contigo não é de modo sensível — simplesmente porque não és sensível. Se em alguma ocasião, para tornar as coisas mais fáceis, concedes-me experiências sensíveis — por exemplo, quando "sinto uma luz" ou "experimento um afeto" —, agradeço-Te. Contudo, não devo buscar isso como fim. Quero o que quiseres, e às vezes desejas que eu não sinta ou experimente nada sensível.

O que me pedes sempre é minha fé.

Com efeito, minha fé cria um vínculo entre nós, vínculo que, de certo modo, não permite que Te afastes de mim.

No entanto, tenho de lembrar muitas vezes que viver de fé é agir sem esperar comprovação nenhuma, é fazer as coisas olhando para o alto, mas aceitando que não poderei afastar o véu que tudo oculta.[2]

---

(2) "A fé é o ato de crer no que não se vê", diz Santo Agostinho. E São John Henry Newman: "O cristão é um homem que crê no que não vê".

Deste modo, *crer* que estás comigo é provocar uma "crise" em minha razão. Pois a fé é antes de tudo um estado da alma no qual a vontade, ajudada pela graça, tem um papel primordial. É preciso *querer crer*; neste caso, devo *querer crer* que Tu, Jesus, estás presente e falando comigo.

Minha fé torna possível que eu Te veja e fale contigo, porque confio em Tua palavra.[3]

Desejo entrar nesse mundo novo não porque sinto algo, mas porque quero. De modo que, cada vez que quiser me encontrar contigo, terei de orientar minha vontade — sem esquecer, é claro, que tudo acontece pela ação da graça — para que me leve por esse caminho e volte a me colocar nele uma vez e outra, simplesmente porque confio totalmente em Ti.

Em Ti, que és o objeto do meu amor.[4]

---

(3) "Estarei convosco todos os dias, até o fim do mundo" (Mt 28, 20).

(4) "A fé, portanto, não é um puro assentimento intelectual. Traz consigo um forte dinamismo intrínseco, o amor que a transpassa de força operativa" (M. Andres, *Historia de la mística de la Edad de Oro en España y America*, BAC, Madri, 1994, p. 6).

A isso me leva esse meu ato voluntário: é assim que desejo, independentemente do que possa verificar de maneira experimental, independentemente de sentimentos, daquilo que vai e vem e que Tu podes me dar quando quiser — e me alegrarei então por isso.

Sim, de fato quero encontrar-Te, Jesus; hei de vencer minha resistência a entrar neste novo *jogo* da amizade confiada, plena, direta.[5]

Em especial no começo, tudo será difícil. Afinal, não estou acostumado a adentrar Teu mundo; terei de me esforçar porque ainda não consigo ter-Te presente, vivo e próximo e porque me acostumei a ter os sentidos dispersos, buscando do lado de fora as minhas seguranças.[6]

Por outro lado, sei também que a fé, ainda que seja obscura, me ilumina.

---

(5) "A fé existe de verdade quando alguém fala com Deus da mesma maneira como falaria com um homem", afirmou o Cura d'Ars.

(6) Muitas vezes teremos de meter-nos no mundo da fé à força, como dizia Santa Teresa de Ávila: "Forcemos a nós mesmos para estar perto do Senhor [...]. Fazei um pouco de força para recolher a vista e olhar, dentro de si, a este Senhor" (*Caminho de perfeição*, 29, 6; 26, 8).

Com ela, acontece algo parecido ao fenômeno visual noturno, no qual, envoltos pelas trevas, conseguimos contemplar a profundidade e a beleza do firmamento. Para que consiga ver as estrelas, o Sol tem de se ocultar e chegar a noite. No meio dessa penumbra, minha vista alcança distâncias que nem podia imaginar; no meio da obscuridade da fé, poderei decifrar e desfrutar mistérios, contemplando-os. Viverei, então, como se já estivesse na eternidade.

Com minha fé, caminharei durante toda a minha vida rumo à estrela que descobri. *Viverei contigo, Jesus*, de modo mais real, próximo e imediato do que se Te visse com meus próprios olhos, ainda que haja, nisso, alguma crise de "racionalidade".

Já tenho Tua vida e Tua Pessoa ao meu lado e comprovo o que disseram santos como Santa Teresa de Ávila, que se atreveu a afirmar que não invejava os que Te haviam visto na terra com os olhos de carne, pois via-Te presente de maneira vivíssima com os olhos da fé.

Se minha fé em Ti não é viva, seguramente a culpa é minha. A ninguém é negada a ação do Espírito Santo que ilumina; pelo contrário, Ele bate sem descanso em nosso coração para que recebamos seus dons. Se não me decido a viver totalmente imerso neste mundo da fé, se não me esforço para praticar frequentes e confiados atos de fé em Ti, permanecerei dominado por uma visão puramente terrena.

Meus atos de fé equivalerão a umas lentes especiais com as quais descubro, além de Ti, Jesus, esses outros personagens também vivos e que de fato estão aí: Maria e José, o Pai e o Espírito Santo, os anjos e santos do céu.

3. VER

Ver-Te — olhar-Te — contemplar-Te

Procurar-Te.
Encontrar-Te.
Ver-Te.
Trata-se agora de ver-Te, Jesus.
De ver aquele que procurei e encontrei.
Devo simplesmente ver-Te.
Depois de procurar-Te em meu recolhimento e no meu silêncio, depois de fechar os olhos para que se desenhasse no meu interior Teu fascinante rosto, de elevar minha fé para encontrar-Te vivo e presente, à minha frente, tratarei de fixar meu olhar em Ti.

Ver-Te, contemplar-Te.
E ver que me vês.
O que desejo, ao me encontrar contigo, é ver Teu olhar, Teu sorriso, a expressão do Teu rosto. Antes, disse que poderia fazer isso

por meio de algum mistério da Tua vida ou de algum acontecimento da minha, na certeza de que estás comigo, participando dela. Todavia, na realidade não se trata de um *mero ver*, como quando se vê um filme, um prédio, ou os objetos de um aparador. Não. Esse ver, Jesus, *não será um simples ver*; será um "olhar" ou, com mais propriedade, um "contemplar".

Mas o que seria esse contemplar?

O *Catecismo*[1] me diz que contemplação é olhar, mas um olhar *do coração*, um olhar... que procura o amado da minha alma — olhar amoroso, olhar envolvente. Contemplar é simplesmente olhar amando, ou melhor: olhar Te amando. Assemelha-se a uma criança que — cheia de carinho e gratidão — olha para sua mãe que a acaricia; à mãe que, cheia de ternura, vela pelo seu filho doente; ou ao apaixonado que não tira os olhos daquela que o conquistou. Por isso, meu encontro contigo, Jesus, não se limitará a meras palavras, mas será um exercício de amor em todas as formas

---

(1) *Catecismo da Igreja Católica*, n. 2710.

possíveis: como troca de afetos, de desejos, de esperanças, de consolo...[2]

Sim, nisto consistirá o ver-Te, Jesus: em ver-Te como a quem amo, sabendo que me vês e que, nesta troca de olhares, produz-se um maravilhoso universo de contemplação.

Laboratório: troca de olhares

É fácil praticar contigo, Jesus.
Basta para mim olhar-Te.
Sim, o âmbito de nossos olhares é particularmente propício para que nos comuniquemos.

O que começou com um simples intercâmbio de presenças se foi transformando em intercâmbio de olhares atentos, transpassados de amor. Em contemplação.

Pois, depois de procurar-Te, encontrar-Te e ver-Te, não existe lugar melhor no mundo para mim. Não desejo sair dele, pois meu coração e meu espírito descansam na segurança do Teu olhar. Quero captá-lo por completo, de forma que me inunde e me transforme; quero

---

(2) Santa Teresa de Ávila dizia a Jesus: "De tudo se pode tratar e falar contigo como quisermos" (*Vida*, 37, 6).

fazê-lo meu e não o esquecer nunca mais...
Peço-Te perdão pelas vezes em que desviei a
direção dos meus olhos com a vã tentativa
de encontrar minha alegria em outras partes. Desejo conseguir, sempre ao Teu lado,
esses remansos de paz, e o meu maior desejo
é que não se apague nunca em mim o brilho
do Teu olhar.

Agora que tenho a comunicação restabelecida, sentindo-me capturado por Teus olhos,
não me ocorre nada melhor do que dizer-Te
que minha alma se inunda de serena alegria
ao saber que estás a ver-me, Senhor...

Ajuda-me a cruzar sempre o meu olhar
com o Teu.

Que seja o *olhar* um dos recursos que eu
mais empregue na oração.[3] Sei que deu-se assim com os grandes contemplativos, que se
alegram ao descobri-lo e me convidam a fazer
o mesmo.[4]

---

(3) "[...] Se O olhas, bastar-te-á contemplar como
Ele te ama..." (São Josemaria Escrivá, *Forja*, n. 857).

(4) "[...] não vos peço agora que penseis nEle, nem
que utilizeis muitos conceitos, nem que façais grandes e delicadas considerações com vosso entendimento; não vos peço mais do que olheis para Ele"
(*Caminho de perfeição*, 26, 3). Mais adiante, voltará
a escrever: "Não é necessário asas para ir buscá-lO,

Essa atitude de olhar para Ti não é senão uma resposta a Teu olhar. Jamais deixo de estar presente diante dos Teus olhos.

Os santos me dão a certeza de que estás sempre *olhando para mim*. Dizem os que rezam que *veem bem que olhas para eles*. Às vezes, unem numa só expressão Tua atitude e a nossa: "Olha para Ele que olha para ti".[5]

Será muito útil cruzar meu olhar com o Teu para que a minha oração flua por um caminho longo e sereno. Aproximar-me tanto do Teu olhar que consiga ver-me refletido nele.

Parecer-me-á então que me dizes: "Que seja tal tua intimidade comigo que basta meu olhar para saberes o que te quero dizer. Eis a conaturalidade dos que se amam...".

Mas estou tentando ver uns olhos humanos, um rosto humano?

Sim, sem dúvida. Esta é a grande facilidade que nos dás ao querer fazer-Te homem.

Aqui experimento a mais consoladora revelação da *singularidade* de Tua Pessoa: és

---

mas, sim, colocar-se na solidão e olhar para Ele dentro de ti" (*Ibid.*, 28, 2; cf. 26, 4-5).

(5) Santa Teresa de Ávila, *Vida*, 11, 11.

uno, não duplo. Ao amar-Te em Tua humanidade santíssima, amo-Te também na condição de Deus.

No olhar de uns olhos de carne, descubro o olhar divino em rosto humano: "Felipe, *quem me vê, vê o Pai*", dissestes numa ocasião.[6] E essa será a chave para a forma de tratar-Te — a exemplo de Teu apóstolo Tomé, que viu um homem e soube que era Deus.

Tu, Verbo encarnado, és agora um de nós, um daqueles com quem conversamos, com quem convivemos a cada dia.

Minha oração consistirá fundamentalmente nisto: com meu olhar fixo em Ti, Senhor, desperta minha fé para que capte Tua humanidade e se estabeleça uma mútua comunicação.

Com Santa Teresa, pedir-Te-ei: "Juntos andemos, Senhor; por onde fores tenho de ir, por onde passares tenho de passar.[7]" Jesus, és uma Pessoa viva, próxima e presente, uma Pessoa que sorri — sorri para mim —, que fala — fala comigo —, que escuta — me escuta e cativa: segue sendo o mesmo, *ontem, hoje e sempre*.

---

(6) Jo 14, 9.

(7) *Caminho de perfeição*, 26, 6.

Não posso agir se não é de forma humana. Fizeste-Te homem para me ajudar a relacionar-me contigo tal qual me relaciono com qualquer outro homem que vejo, falo e ouço.

Eis a única maneira de poder Te amar com toda a realidade da minha vida psíquica: amando-Te em Tua realidade humana.

Esse Deus encarnado — meu Deus! — é o único Deus a quem eu poderia amar, uma vez que minha pequenez não dá para mais. Por isso posso apaixonar-me por Ti como realidade pessoal, em Tua verdade como Deus e em Tua verdade como homem. Ou melhor, ao apaixonar-me por Ti enquanto homem, também amo-Te enquanto Deus. "É grande coisa, enquanto vivemos e somos humanos, tratar-Te humanamente", escreveu Santa Teresa, e aproveito seu conselho para tratar-Te como homem porque sou homem.

Como captar Teu olhar?

Sei que é algo muito pessoal.

Cada um deve descobri-lo, pois olhas para cada qual de modo particular. Cada olhar Teu é único não só porque será diferente para cada um; para mim mesmo ele será diferente nas minhas diferentes circunstâncias.

Ao ver Teus olhos, Jesus, esses que tens no rosto e com os quais, neste instante e em todos os instantes da minha vida, me olhas, verei primeiro isto: que me olhas, que me vês nesta situação concreta da minha existência ou a partir de algum episódio da Tua.

Se me vês nesta minha circunstância de hoje, terei conseguido "tirar-Te" da história e trazer-Te para a minha realidade.

Se, pelo contrário, vamos os dois para algum episódio da Tua vida, serei eu que me introduzirei na Tua história.

E, então, talvez eu me encontre com Teu olhar quando estás pregado na Cruz, pois Teu sacrifício continua presente para sempre. E esse olhar desde o alto se cruza com o meu enquanto o sangue desce pela Tua face, embaçando Teu olhar.[8]

Ou ainda verei Teu olhar de profunda paz quando preparas o desjejum ao amanhecer, às margens do lago; ou quando esperas a samaritana sentado à beira do poço de Jacó, pois essa é a passagem que faz dias que tento contemplar, e só agora, sob a luz de Teu olhar, consegui captar um pouco melhor Tua infinita misericórdia.

---

(8) "A contemplação é olhar de fé, fixado em Jesus" (*Catecismo da Igreja Católica*, n. 2715).

É possível, e mais frequentemente, que eu também descubra Teu olhar no "hoje" da minha existência. Como será, no meu presente concreto, agora que estás a olhar-me, no momento atual em que leio isto — como será Teu olhar, Jesus? Descubro no fundo dele Teu Coração de Deus?

Quero perceber que me vês.

Desejo experimentar essa receptividade amorosa, recíproca, num olhar mútuo e envolvente.

Ouço de novo o convite dos santos: "O Mestre passa, uma vez e outra vez, muito perto de nós. Olha-nos... E se O olhas, se O escutas, se não O repeles, Ele te ensinará o modo de dares sentido sobrenatural a todas as tuas ações...".[9]

Há uma relação imediata entre Teu olhar, Jesus, e Teus pedidos: *se olhas para Ele... se O escutas...*[10] Essa relação eu descubro quando faço oração, e tenho desejos de responder-Te, de dar-me, de entregar-me.

---

(9) São Josemaria Escrivá, *Via Sacra*, Quadrante, São Paulo, 2020, VIII estação.

(10) "Eu olho para Ele e Ele olha para mim", dizia a seu santo confessor um camponês de Ars que rezava diante do sacrário... Cf. Jean Faberges, *El Santo Cura de Ars*, Rialp, Madri, 1991, pp. 145-6.

Pois o que meus olhos descobrem é Tua vontade para mim. E, então, na minha oração podem brotar propósitos de melhoria pessoal na minha existência diária.

Desde o início da minha oração, portanto, eu me fixarei em que estás olhando para mim.

Lutarei contra as dispersões, não deixarei minha imaginação solta.

Necessito o quanto antes, com a maior simplicidade e profundidade, fazer oração de verdade: dar-me conta de que estás aí, olhando para mim, desejoso de conectar-se com meu olhar. Porque isso é imprescindível para estar contigo.

E depois de olhar?

Quem Te procura, Jesus, passa imediatamente do Teu olhar para Teu rosto.

É como completar o quadro — pois o rosto diz mais do que o olhar: ele o integra.

Este trabalho será mais difícil. Na contemplação de Teu rosto, encontrarei minha antecipação do céu.[11]

---

(11) "Se queres salvar-te", ensina São Tomás, "olha o rosto de Cristo" (*Comentário à Epístola aos Hebreus*, 12, 1).

Os sábios dizem que não quiseste deixar no Evangelho nenhum dado sobre tua fisionomia, para que, assim, cada coração que Te procurasse viesse a formular o seu.

Em algumas ocasiões, estarei longe da verdade, pois, em lugar de dirigir-me a Ti, dirijo-me a algo que imagino ser Tu.

Devo esforçar-me para buscar Teu rosto, Jesus.

Muitas vezes, minha percepção de Ti pode limitar-se a estereótipos. Eu os fui construindo a partir de minhas leituras, de meus contatos e também de minhas experiências pessoais. Não é que sejam desprezíveis, uma vez que esses modelos fazem referência a verdades dogmáticas, a cenas de Tua vida ou a representações artísticas da pintura ou escultura. Não são inadequadas, mas incompletas. Tu, o Verbo de Deus encarnado, não te encerras em fórmulas fixas ou representações estáticas. És único para cada um, e és único e irrepetível em cada oração e em cada circunstância de nossa existência.

Será possível, para minha fé débil, imaginar o rosto do mais formoso dos homens?

Que expressão adquire Teu rosto, um rosto que expressa toda a Bondade, toda a Misericórdia, toda a Ternura?

Como é, afinal, esse rosto que revela um Amor infinito?

Ainda que minha fé seja débil, sou chamado a tentar imaginá-lo, e procurarei, para isso, empenhar-me com um desejo superior a qualquer outro, com a audácia de desejar, aqui e agora, o que há de ser uma de minhas alegrias na eternidade.

Em todo caso, qualquer desejo, qualquer sonho, qualquer realização que consiga será menos perfeita do que a verdadeira. Jesus, Tu não és a encarnação de um rosto qualquer, mas de um rosto que cativa, que é mais profundo, uma vez que é o rosto de Deus. "Através dos sinais da sua presença, é a face do Senhor que nós buscamos [...]".[12]

De minha parte, metido na oração, encher-me-ei de alegria ao descobrir que meu Amado tem um rosto humano, graças ao qual e por meio do qual descubro o rosto de Deus.

Talvez um requisito prévio para captar Teu rosto, Jesus, esteja em *soltar meu coração*.

E recorro outra vez aos ensinamentos dos santos. Quando questionaram Céline Martin a respeito da devoção à Sagrada Face de sua irmã Teresa do Menino Jesus, ela respondeu:

---

(12) *Catecismo da Igreja Católica*, n. 2656.

"Bem, a devoção à Sagrada Face não é uma devoção: quando se quer alguém e se olha para este alguém, olha-se para seu rosto, e não para seus ombros ou calcanhares".

Sim: farei o que fez Teresa. Ela olhava a Deus por meio de Teu rosto, Jesus. Nele encontrava refletidas Tua divindade e a máxima expressão do amor humano. Dizia ela: "Seu rosto é minha luz; seu rosto é minha devoção".

Em que circunstâncias posso ver-Te?

Estou certo de que és o tema da minha oração.

Sei também que as "circunstâncias" de nossos encontros são ilimitadas. Por isso, para facilitar as coisas, dividirei em quatro partes os cenários em que posso ver-Te.

Em primeiro lugar estão os mistérios da Tua vida.

Por exemplo, aqueles vinte momentos que se encontram agrupados nos mistérios do Santo Rosário. Tenho aqui vinte cenas em que procurar-Te, encontrar-Te, ver-Te, contemplar-Te, compreender-Te. Posso compartilhar contigo esses vinte momentos, e ficarás contente se isso acontecer. Outra vez repito para mim mesmo que te delicias estando conosco.

Cada um desses cenários me dará matéria para horas de meditação... Ouvirei Tuas palavras, descobrirei Teus sentimentos, perceberei as expressões que Teu rosto assume. Tentarei fazer isso, ademais, não como espectador mudo ou alheio, porque Teus mistérios me afetam diretamente e me comunicam um influxo salvífico. Sei que os dogmas não terminam no enunciado, mas na realidade.

Em segundo lugar, fixarei minha atenção no Sacrário, aí onde Te encontras sob as aparências do pão.

Melhor ainda será se Tua presença sacramental estiver exposta na Custódia. Com o contato visual será mais fácil que toques meu coração. Deixarei que se centrem ali meus olhos, que pouco a pouco me dê conta que estás mesmo ali, que me acompanhas, que estás vivo, com todos os Teus sentidos e potências funcionando de modo perfeitíssimo, como o homem perfeito que és. Não demorarei em experimentar — se estou recolhido e com o coração livre — que entre nós dois flui uma comunicação maravilhosa.

Em terceiro lugar, aproveitarei os cenários que me oferece o tempo litúrgico.

O Natal, se estou próximo a ele; os sofrimentos da Paixão — nas sextas-feiras, por exemplo, assim como na Quaresma e na Semana

Santa; a glória de Tua ressurreição ou de Tua vida oculta, no Tempo Comum. Outras vezes poderei contemplar-Te nas solenidades espalhadas ao longo do ano litúrgico, como a do Sagrado Coração, em junho, ou a da Transfiguração, em agosto.

Um quarto cenário consiste em simplesmente ver-Te: ver-Te comigo, ao meu lado, na minha frente, ou mesmo dentro de mim, no mais profundo do meu eu.

Noutras ocasiões tentarei, como Santa Teresa, encontrar-Te à minha "direita"; ou, ainda, caminhando ao meu lado, sentado numa cadeira à minha frente...

No fim das contas, o importante é que não Te perca de vista. Sei que não levas tanto em conta o modo como olho para Ti: o que importa é que o faça, que me acostume a estar contigo.

Laboratório: Os mistérios do Terço

Jesus, tentarei fazer "exercícios" de oração segundo um dos muitos modos de rezar.

Buscarei o auxílio dos mistérios do Santo Rosário: vinte cenas de Tua vida nas quais posso procurar-Te, encontrar-Te, olhar-Te, estabelecer uma comunicação contigo, amar-Te.

Cada vez em que vier a tentar será como uma caminhada em algum dos mundos possíveis.

Compreenderei que contemplar-Te nos mistérios do Santo Rosário é como um jogo que Maria nos apresenta: uma brincadeira de crianças que consiste em repetir — como fazem as crianças em seus jogos — muitas vezes a mesma coisa. As regras do jogo são simples e o resultado é divino. Pela repetição — com a boca e com o coração —, esse jogo vai criando mundos de fé e de esperança, de amor e adoração. Trata-se de um jogo de crianças com seu Deus, de um jogo de Deus com suas crianças.

Agora compete a mim fazer uma reinvenção original, pessoal, dos mundos do Amor. Parto do terceiro mistério gozoso: voltarei a Belém e serei uma vez pastor, e atento escutarei a mensagem do anjo, e caminharei até o presépio levando umas laranjas ou um carneirinho nos ombros... Ou serei a lenha, ou o anjo que comunica a mensagem do céu pelos caminhos... Serei talvez um menino louco para comunicar aos vizinhos a notícia do acontecido. Noutras vezes, tornar-me-ei o burro que encontra-se aos pés do Menino Jesus, que fica quieto para não assustá-lO... Poderei ser o caminho pelo qual outros se dirigem até Ti, ou mesmo a estrela, caso em que tudo o que tenho de fazer é estar aceso.

Não acabam as possibilidades de brincar, e todas são válidas. Busco Teu olhar, Jesus, um olhar que se detém em mim, que estou no pretório quando o soldado da corte arranca a vara da Tua mão para bater com tanta violência em Tua coroa de espinhos que faz Teus olhos ficarem cobertos de sangue. Meu coração intui a tristeza de Tua Mãe, que Te adora e desagrava todas as ofensas que recebes. Simplesmente — minha pequenez não dá para mais — percorro o caminho do calvário de mãos dadas com Ela, pois tenho medo do sangue e da morte.

E vivo assim um mundo e outro, em dias de reinvenção, com luzes novas dentro da obscura claridade da minha fé e da alegria do meu amor.

4. COMUNICAR

Comunicar-nos

Jesus, como estás vivo e eu — que também estou — Te encontrei, surgirá então, do modo mais natural possível, uma mútua comunicação.

Tu comigo e eu contigo.

Que nos comuniquemos, que comecemos um diálogo, é um dom que recebemos de Ti, que é a Palavra mesma. Tu nos deste — como algo que tens por essência — o dom da comunicação, o dom da palavra. Somos Tua imagem e, por isso, capazes de relacionar-nos contigo: de falar e ouvir.

Em nossos encontros, Jesus, Tu falas comigo e eu falo contigo, porque somos pessoas.

És totalmente comunicável, e portanto nossa comunicação adotará todas as formas possíveis. Às vezes, tratar-se-á de uma comunicação silenciosa, como as que têm aqueles que se amam muito e permanecem calados um ao lado do outro.

Em outras ocasiões, que são a maioria, haverá diálogo na nossa comunicação: falarei contigo e falarás comigo. Na Bíblia, li muitas vezes que Deus nos fala direta e indiretamente. Jesus, Tu és a Palavra do Pai que se encarnou, que se fez homem e que falou com palavras humanas.

Agiste como os adultos quando falam com crianças: usam a linguagem delas, imitam seus erros de vocabulário, balbuciam... Conosco fazes o mesmo: revela Teus mistérios com expressões da linguagem humana.

Se nos deu o dom da palavra, é sobretudo para que falemos contigo.

Sei também que nossa comunicação poderá dar-se — como acontece nos encontros humanos — com base em olhares ou gestos. Entre nós, os homens, um gesto pode ser muito expressivo: por exemplo, quando sorrimos ou damos um efusivo abraço. O gesto de minha genuflexão ou o modo de persignar-me será uma forma expressiva de comunicar-me contigo; ou ainda o gesto de beijar Tuas chagas num crucifixo, de dar um beijo no rosto de uma imagem de Nossa Senhora...

Sim, todos esses modos — e qualquer outro — eu posso empregar para comunicar-me contigo.

Sem dúvida, porém, o mais habitual deles será a palavra, isto é, nosso diálogo.

Outra vez, devo acender minha fé e crer que tens um imenso desejo de falar comigo.

Em certa ocasião, um rapaz me disse algo que na hora não entendi: que na sua oração escrevia "erres". Quando perguntei ao que se referia, respondeu-me que os "erres" eram de "resposta". Se percebia alguma luz Tua, anotava um "R". Deste modo, podia lembrar que tinha identificado aquilo como algo vindo de Ti em oração, que tratava-se de algo que lhe dizias.

Com palavras ou sem elas, com "erres" ou sem "erres", com troca de olhares ou só com nossa presença, o importante é o desdobramento de nossa comunicação. Teremos nossa própria história com um tesouro de conteúdo.

Da minha parte, Jesus, procurarei gravar toda a riqueza que, por meio do Espírito Santo, Tu me quiseste comunicar. Com o passar do tempo, não apenas me surpreenderá a enorme quantidade de coisas que me disseste, mas também comprovarei que tudo quanto tiver anotado nunca teria me ocorrido por conta própria — afinal, foste Tu quem mo falaste.

Falar de mim ou falar de Ti?

Se minha oração é um encontro, um olhar, um comunicar, é lógico que se deem fluxos de ida e vinda: de mim para Ti e de Ti para mim.

Quando vou fazer oração, Tu, Jesus, irás fazer a Tua.

Quando faço oração, quando falo contigo, Tu fazes oração, Tu falas comigo.

Minha intenção não é ver-me a mim mesmo, mas ver a Ti, que é quem realmente importa.

Alegrar-me-ei na Tua formosura; ouvirei o que quiseres me contar, ou saberei que Te alegra minha companhia.

Oxalá possas descansar em mim. Sei que o fazes com aqueles que descobres verdadeiramente Teus.

Jesus, desejo ser Teu confidente, apoiado naquela revelação que nos deixaste: "A vós, vos chamei amigos, pois vos dei a conhecer tudo o que ouvi de Meu Pai" (Jo 15, 15).

Por isso, ao comunicar-me contigo, o mais importante é que te dirijas a mim, que me contes Teus segredos, que me fales de Ti, da Tua vida.

Tu contas à alma o quanto a ama, o que pesa no Teu Sagrado Coração, a alegria que sentes ao estarmos juntos. Não importa: trata-se sempre de intimidades, pois ages como os namorados da terra, que em suas conversas não abordam questões científicas nem teorias abstratas, e sim o que levam no mais fundo do coração — suas confidências. Só falam de seu amor mútuo: ele dela e ela, dele; ele olha para ela amando-a e amando escuta-a, e vice-versa. Afinal, a dois apaixonados não lhes interessa nada além de seu amor.

Assim é contigo.[1]

Aos poucos, me irei acostumando a entrelaçar todas as minhas atividades com comentários, observações ou perguntas que farei a Ti — aquelas observações, perguntas ou comentários que faria a meu melhor amigo, ao que me tivesse demonstrado maior afeto e confiança.

Minha comunicação contigo será cada vez mais profunda, mais rápida e mais confiada. E de tal forma que será de ida e volta, de um com o outro, com silêncios para Te escutar e para, depois, falar contigo sobre o que trago dentro de mim.

Trata-se, pois, sobretudo de ouvir-Te, Jesus?

Com certeza será mais importante Te ouvir.

O fato de que me ouças importa, é claro, ainda que saibas melhor do que ninguém — incluindo eu mesmo — o que trago aqui dentro.

---

(1) "Permanecei em meu amor" (Jo 15, 9).

Muitas vezes atuei como se o fundamental em minha oração fossem os assuntos que devo resolver, indo a Ti para importunar-Te com uma interminável lista de petições e penas.

Corro o risco de não deixar que me dês o que gostarias, de não deixar que fales, de tratar-Te como o encarregado do departamento de reclamações.

Em minha oração, pois, tentarei Te escutar.

Falarei contigo — por meio de um dos modos de comunicação —, mas sobretudo desejo Te ouvir. Também na relação com os demais, quase sempre é mais importante ouvir do que falar, mas no caso da comunicação contigo isso é absolutamente prioritário.

Primeiro, porque já sabes o que irei Te dizer.

Depois, porque aquilo que direi também foste Tu que me inspiraste.

Portanto, tentarei escutar-Te; será isso o que orientará a minha vida. Não só saberei o caminho que me leva a Ti, mas também me tornarei depositário de Teus segredos mais profundos.

Certa feita, contaram-me algo que me ajudou. Em certa ocasião, a jovem Margarida Maria de Alacoque pediu um conselho para fazer oração. Ouviu simplesmente, como resposta: "Vai e coloca-te na presença de Deus como uma tela diante de um pintor". Pelo visto a jovem seguiu o conselho e acabou tendo uma intensíssima comunicação contigo. Afinal, a alma é de fato como uma tela que desejas pintar: colocamo-la na Tua frente como se estivéssemos diante de um pintor.

Eis o que desejo cada vez que procuro o recolhimento, cada vez que, serenamente, dedico-Te parte do meu tempo.

Então, se meu coração estiver livre e limpo, Tu poderás pintar o que quiseres, e saberei o que me queres dizer, e às vezes até poderei anotar algo sobre o qual refletir noutras ocasiões.

Se, ademais, nesse diálogo algo me afeta, saberei que tens desejos de que eu capte justamente isso.

Jesus, como saberei se o que escuto é Tua voz, e não a minha?

Jesus, às vezes não sei se, na minha oração, sou eu mesmo que estou falando comigo ou se és Tu.

Sei que nesse terreno é fácil enganar-se e que mesmo o demônio pode intervir.

Será preciso, sem dúvida, muito recolhimento, e às vezes muito tempo, para ter meu coração livre e sossegado.

Sei por experiência que não é simples ouvir-Te, pois apenas Te revelas ao que realmente deseja escutar-Te.

E, como não gostas do barulho, tens de esperar que se faça silêncio quando queres estabelecer comunicação profunda com algum coração.

Terei, pois, de ser paciente.

Mas que falas, sim, tu falas.

Como distinguir se escuto minha própria voz ou a Tua?

Para começar, procurarei entender que, para Ti, comunicar-se comigo conta — estou falando dos modos ordinários de rezar — com minha vida psíquica. São minhas faculdades o canal, e terei de crer, pois só por meio delas atualizas em nós Tua comunicação.[2]

Servir-Te-ás de minha memória, de minha imaginação, de minha sensibilidade, de meu coração, que são a minha interioridade.

---

(2) Vale como exemplo o excerto da peça de Bernard Shaw sobre o julgamento de Santa Joana d'Arc. Os juízes a acusavam de bruxa, uma vez que dizia ouvir "vozes" que lhe diziam o que fazer:
"Roberto: O que quer dizer com 'vozes'?
Joana: Ouço 'vozes' que me dizem o que fazer. Vem de Deus.
Roberto: Vem de tua imaginação.
Joana: Claro, é o modo como nos chegam as mensagens divinas".

É verdade que nem tudo o que aparece em minha imaginação — ou em minha memória, inteligência, sensibilidade e coração — procede de Ti, já que também pode vir do mundo, do demônio ou de minha própria natureza ferida.

Porém, também é certo que tens acesso imediato, instantâneo, a cada uma das minhas faculdades. Tu as criaste e me deste para que, por meio delas, me unisse a Ti.

É lógico que também posso enganar-me; porém, se meu coração é sincero e aberto, se reparo que está sedento para secundar até os menores impulsos da Tua ação divina, será habitualmente iluminado por Tuas luzes.

Ajuda-me recordar aquilo que Santa Teresa dizia e que está repleto de bom senso. Segundo Teresa, do mesmo modo como ela, quando estava com alguém, às vezes falava e às vezes ouvia, assim também é contigo na oração.

Quando falo, o outro escuta. Quando o outro fala, eu escuto. Se isso acontece na vida cotidiana — e há continuidade na ordem do ser —, o mesmo se dará contigo.

Procurarei, pois, permanecer em silêncio quando fizer oração, deixando que as coisas se "encaixem" no meu interior. Então, terei a certeza moral de que a voz é Tua.

Sim, trata-se de escutar Tua voz, assim como escuto uma transmissão de rádio, o discurso de uma pessoa ou as palavras que alguém me dirige. Assim será minha disposição para ouvir-Te. Tu falas comigo *com meus próprios pensamentos* quando, depois de tempos de sossego, desejo conhecer Tua vontade — contanto que tenha a atitude receptiva do discípulo que não procura adaptar à sua conveniência o que ouve.

De todo modo, sei que também há alguns indicadores que me ajudam a certificar-me de que o que percebi vem de Ti. Por exemplo, se aquilo me leva à humildade e ao amor, seguramente será Teu, pois nem o demônio, nem o mundo, nem minha natureza ferida me inspirariam esses caminhos (na realidade, o que me inspiram costuma ser o contrário).

É lógico, ademais, que será realmente verdadeira minha resolução quando apoiada em algum dos Teus ensinamentos, ou se encontro nos Evangelhos alguma situação análoga à minha.

Nesse sentido, por exemplo, será evidente que não virá de Ti o que seja oposto aos Teus mandamentos, aos meus deveres de estado, às virtudes ou às disposições da Igreja; afinal, deixaste-nos a Tua lei e também Teus vigários. A desunião, a discórdia e a crítica não procedem de Ti, mas do demônio.

Terei, por último, outro guia seguro: se aquilo que penso ouvir *tem o selo de Maria*.

Sim, tua Mãe, ao ser Imaculada, não teve nunca consórcio algum com o mal. Se ela pode assumir a resposta que ouvi e vivê-la, então estarei em bom caminho.

Com efeito, tudo o que é de Maria Te agrada.

Tu responderás, Jesus, a todas as minhas perguntas?

Jesus, porventura respondias às perguntas — por vezes impertinentes — que Te faziam Teus contemporâneos?

As pessoas muito Te questionavam, e com grande paciência Tu lhes respondias todas. Ou melhor, a quase todas. Li nos Evangelhos que por vezes Te recusavas a fazê-lo. Isso acontecia quando a pergunta não se relacionava nem com a salvação eterna, nem com os mistérios de Teu Reino.

Se se tratava de curiosidades vãs ou interesses temporais, simplesmente não havia resposta.

Quando alguém queria descobrir algo que não convinha no momento, Tu não lhe respondias — como no dia de Tua ascensão, por exemplo, quando um dos discípulos quis saber: *Senhor, é agora que vais estabelecer teu reino na terra?* E Tu: *A vós não vos cabe conhecer o dia e o momento que o Pai tem em Seu poder.*

Ou ainda quando Pedro, às margens do lago de Tiberíades, questionou qual seria o futuro de João, e Tu lhe respondeste *A ti, que te importa? Tu, segue-me.*

Posso dizer sem medo de errar que comigo farás a mesma coisa: não satisfarás minhas curiosidades inúteis, nem revelarás detalhes que não façam parte do que seja necessário para minha salvação. Contudo, o que tiver relação com o cumprimento da Tua vontade, com aquilo que me levará a Te amar mais, isso sempre me mostrarás.

Para que não duvide de que desejas comunicar-Te comigo e de que o fazes verdadeiramente, ajuda-me recorrer àqueles que foram Teus amigos íntimos, isto é, àqueles com os quais travaste colóquios maravilhosos: os santos. Ajuda-me pensar na segurança de Santa Teresa do Menino Jesus quando dizia: "Estou convencida de que Nosso Senhor não falava mais a Seus discípulos, com Seus ensinamentos e com Sua presença sensível, do que nos fala hoje com as inspirações de Sua graça".[3]

Tentarei me convencer disso.

---

(3) *Últimas conversas*, 07/08/1897.

Tu falas comigo tanto ou mais do que falavas com Teus discípulos.

Àquela época, com tua voz audível; aqui e agora, com as inspirações da Tua graça.

Devo, pois, desprezar a pergunta: "Não poderei errar naquilo que acredito que me dizes?".

Vale mais que algumas vezes eu erre do que pense que nunca falas comigo.

Minha surdez — que no fundo não é mais do que falta de atenção, de fé e de amor — será para Ti mais dolorida do que os meus "foras".

Se erro ao achar que ouvia Tua voz, serei ao menos consolado ao pensar que o fiz querendo agradar-Te, como aquelas crianças que, ao procurar alegrar seus pais, acabam por exasperá-los. Pedir-Te-ei perdão, pois, e voltarei a pedir que me faça dócil... e me ajude a entender-Te.

Outros modos de me comunicar contigo

No final, a única coisa verdadeiramente importante na minha vida será cuidar do Teu amor.

Se esse amor vai bem, tudo vai bem.[4]

---

(4) "Menino amigo, diz-Lhe: — Jesus, sabendo que te amo e que me amas, o resto pouco me importa: tudo vai bem" (São Josemaria Escrivá, *Forja*, n. 335).

Se minha fé nesta verdade enfraquece, surgem imediatamente o desânimo, o fastio, a tristeza.

De fato, os únicos seres verdadeiramente felizes neste mundo são os apaixonados. Só eles. Os que deixam de estar assim conseguem satisfações momentâneas ou superficiais, mas nunca a felicidade contínua e profunda.

Contigo e comigo deve ocorrer o que ocorre com os apaixonados na terra.

Quando já não cabe na alma do apaixonado o seu amor, as palavras parecem insuficientes; ele então canta, pois o canto expressa alegria, fruto genuíno do amor.

Se estou apaixonado por Ti, Jesus, também cantarei.

Cantarei na Missa, em que unirei minha alegria ao dogma, mas também recorrerei a canções de amor humano para me inspirar e falar do amor divino.

Tu inventaste a música. Fizeste-a para que eu chegasse a Ti. Por isso, utilizarei as músicas para fazer oração, sobretudo quando me faz falta o sentimento, a emoção, o ardor. Se me deste essa capacidade, é para algo — para o mesmo objetivo pelo qual me deste as outras: para que me aproxime de Ti.

Afinal, se a música e sua letra são capazes de elevar o amor humano, o serão também para elevar-nos ao amor divino. Tudo flui de uma única fonte.

Aqui, porém, o fluxo dá-se no sentido inverso: é ascendente, porque sobe do meu amor ao Teu, do terreno ao celestial. Por isso não me importo em repetir cem vezes as mesmas estrofes, pois em cada ocasião cantarei um canto novo: o que o faz ser novo é a novidade do amor.

Mais uma vez, ajuda-me o que se passou com Teus amigos íntimos, na esperança de que suas experiências possam, ao menos de alguma forma, ser um dia as minhas:

> Ingressara no convento de Salamanca uma noviça de uma voz tão cristalina, de gênio tão alegre e tão bem dotada para a música e o verso, que a Madre lhe pedia com frequência que cantasse. Num dia de Páscoa, em que se sentira muito triste durante toda a jornada, Teresa pediu-lhe no recreio após o jantar que entoasse um *cantarcillo*. Isabel de Jesus — assim se chamava a noviça —, servindo-se da música de um *villancico*, de uma canção de Natal, entoou palavras de extraordinária delicadeza:
>
> *Vejam-te os meus olhos,*
> *ó doce Jesus de bondade,*

> *vejam-te os meus olhos,*
> *morra eu de gozo.*
> *Veja quem quiser*
> *rosas e jasmins,*
> *que se eu te vir*
> *Verei mil jardins,*
> *flor de serafins,*
> *Jesus nazareno,*
> *vejam-te os meus olhos,*
> *morra eu de gozo.*

A harmonia dessas palavras, a música, aquelas religiosas tão puras e belas sob o véu negro, as noviças com as toucas de asas de pomba, a bela tarde de abril, o triunfo da Ressurreição, comoveram Teresa de tal maneira que se sentiu desfalecer e entrou em êxtase. [...] Foi assim que nasceu um dos seus mais belos poemas: [...]

> *Vivo sem viver em mim*
> *E tão alta vida espero*
> *Que morro porque não morro...*[5]

---

(5) Marcelle Auclair, *Teresa de Ávila*, Quadrante, São Paulo, 2017, pp. 212-13.

5. AMAR

Que significa amar-Te?

Sei que no fim tudo se resume a amar-Te.
Para isso o Pai celeste criou a mim e a todos os seres espirituais.

Tu és o Amado do Pai,[1] e quis Ele que também nós Te amássemos com o amor com que Te ama. Por isso, infundiu em nós o Espírito Santo, para que assim Te amemos.

Eis por que a fase última e definitiva de minha comunicação contigo só pode terminar no amor.

Minha oração foi um meio, um canal para chegar até aqui.

Minha procura, meu encontro, minha contemplação, minha comunicação, o trato pessoal — tudo isso não era um fim em si, mas

---

(1) "Ouviu-se uma voz na nuvem que dizia: 'Este é meu Filho, o Amado, escutai-O'" (Mc 9, 7).

somente o veículo que me permitiu chegar aonde o Pai queria.

O único fim de minha oração — na realidade, o único fim de tudo — é meu amor a Ti, Jesus, minha união contigo.

Sei que o amor é uma identificação de corações.

Se na minha oração Te *encontrei*, se *escutei* Tua voz e *contemplei* Teu rosto, se houve *diálogo* e *presença*, meu coração acabará semelhante ao Teu, até que, por fim, ambos os corações não sejam mais que um. É isso o que desejas, para isso nos criaste, pois essa é a essência do amor.

São Paulo dizia: "Tenham em vossos corações os mesmos sentimentos que Cristo teve no seu".[2]

Um trato contínuo, próximo, profundo, não acaba senão produzindo uma identificação de mundos. Tu e eu construindo um mundo só.

Contigo e comigo se constrói o universo.

Ajuda-me pensar num dos momentos-chave de Tua existência na terra.

Estás na Última Ceia com Teus discípulos, quando pronuncias as palavras com as quais instituíste o Santíssimo Sacramento. A essas palavras que pronunciarão os sacerdotes de

---

(2) Fl 2, 5.

todos os tempos, conferes a força divina que torna possível o mistério da transubstanciação. Depois dessas palavras, Jesus, Tu estás na Hóstia.

Isso nos dizem os relatos históricos, e isso a teologia explica.

No entanto, soube eu me meter em Teu coração quando realizavas este prodígio? Por que quiseste fazê-lo? Tentei compreender Teus sentimentos, estimar a intensidade do Teu desejo? Refleti também que, nas Hóstias consagradas, onde estás vivo, conservas Tua vida afetiva? Percebo que permanecem aí Teus estados de ânimo — os daquele momento, os de agora e os da eternidade?

Sei que, se penetro neste Teu Sagrado Coração e vou fazendo meus os Teus sentimentos, interiormente nos iremos parecendo cada vez mais.

Caso contrário estarei, como muitas vezes, frio diante do Sacrário, e ao comungar Te receberei com uma indiferença que me faz estremecer.

Se faço muitas vezes esse exercício de identificar meu coração com o Teu, estarás cada vez mais em mim e eu em Ti. Acabarei por me assemelhar a Ti, por ser um só contigo.

Sim, sem dúvida.

Afinal, na identidade dos corações é onde jaz o amor.

Trata-se de amar a Ti, que é uma Pessoa

Tenho de repetir a mim mesmo, muitas vezes, que se trata de enamorar-me de *uma Pessoa*.

Não é possível — nem a mim, nem a ninguém — enamorar-me de um código moral, ainda que seja ele tão perfeito como o Decálogo.

Também não posso enamorar-me de uma força indeterminada, por mais benéfica que seja.

Sei que a religião que fundaste — o cristianismo — não é uma visão do mundo, nem sequer uma regra de vida; é, antes, a história de um amor que recomeça a cada instante.

Fascinado pela beleza do Teu rosto, deste rosto que vi em oração; cativado por Tua voz; e feliz por Tua companhia, meu mundo interior não consiste apenas numa ideia a que servir, mas numa pessoa a quem amar.[3]

Se vou percorrendo esse caminho de oração, esse caminho de amor, experimentarei desejos que procedem apenas do Amor. Procurarei que muitos outros corações Te conheçam e Te amem.

---

(3) "Aqui não se trata apenas de dispor-se a ouvir um ensinamento e de acolher na obediência um mandamento. Trata-se, mais radicalmente, de aderir à própria pessoa de Cristo [...]" (São João Paulo II, *Veritatis splendor*, n. 19).

Sei que isso alegrará muito a Teu Pai e Lhe dará uma glória imensa.

Não devo esquecer que Ele, na realidade, não tem senão um só amor e uma obsessão eterna: Tu. Nada Lhe interessa fora Tu; e, se nos ama infinitamente, é porque Te amamos.[4]

Trata-se de um mistério tão sublime que eu deveria converter meu amor por Ti numa espécie de obsessão, a única de minha vida.

Teu Pai nos demonstra Seu amor por Ti derramando em nós esse mesmo amor.

Teu Pai comunica a nossas almas seu próprio zelo por Ti, e nós o convertemos em adoração, em fidelidade, em união com a Paixão, em identidade contigo por meio do Espírito Santo.

Portanto, se eu deixar o Espírito Santo transformar pouco a pouco minha alma, se não duvidar destas chamadas à Tua intimidade, se despertará cada vez mais impetuosamente o mesmo desejo que tem o Pai: o fervente desejo de amar-Te, adorar-Te e louvar-Te como Salvador, Redentor, Amado.

Em suma, trata-se de que nossos *encontros* se transformem em verdadeiras *uniões*.

---

(4) "O próprio Pai vos ama porque vós me amastes e acreditastes que saí de Deus" (Jo 16, 27).

Devo aprender que não são ambos a mesma coisa, mas passos sucessivos de um processo: primeiro, a descoberta; depois, a fusão amorosa.

Outro de Teus santos nos deixou escrito o seguinte itinerário:[5] "Que *procures* a Cristo", e fecho meus sentidos externos, evitando a dispersão da vista, o afã de curiosidade, a extroversão frívola, o descontrole da língua... "Que *encontres* a Cristo", e recolho então as potências da minha alma, descubro-Te nelas, reconheço-Te, me dirijo a Ti, ouço-Te... "Que *ames* a Cristo", e é quando já estou no Teu coração, ou melhor, quando estás no meu. Ou, talvez, ambos num único coração, pois a identidade de quereres fez dos dois um só: o meu desapareceu e foi transformado no Teu.

Encontrar a Ti, pessoa viva, é colocar-me no âmbito do amor.

Pois, se as coisas se estudam, as pessoas se amam.

Então me poderias dizer: "Como sou Pessoa, tudo o que fizeres ou disseres que leve ao amor me agradará especialmente".

Sei que minha existência ficará truncada neste projeto de oração se não chegar a este

---

(5) Cf. São Josemaria Escrivá, *Caminho*, n. 382.

momento, pois até então não se terá produzido a alegria de estar contigo.

Minhas tentativas de rezar fracassarão se não conseguir *desfrutar* do tempo em que estivermos próximos — porque Tua presença amorosa não seria viva —, e então acabarei por dedicar-Te pouquíssimo tempo e uma atenção superficial: uma atenção não pessoal, mas indireta, de vaga referência.

Não me terá dado o "clique" do Teu afeto, da Tua doação, do Teu consolo, da Tua companhia.

Outra vez os Teus santos. Agora recordo o que certa vez disseste para Santa Ângela de Foligno: "Se alguém quer colocar-Me na própria alma, não o impedirei. Se alguém quiser Me ver, mostrar-lhe-ei Meu rosto. Se alguém quiser falar comigo, conversaremos com imensa alegria".

Resumindo: o que importa é que eu "queira". Pois, de Tua parte, nunca haverá inconvenientes.

Laboratório: penetrando no Sagrado Coração

Ao penetrar no Teu Sagrado Coração, busco a intimidade.

Sei que não se trata de uma ilusão vã e que ficas feliz com isso.

E, assim como estou convidado a contemplar Teu *olhar*, será um exercício muito reconfortante para mim *compreender Teu coração*.

Entenderei, por exemplo, que lá no fundo, acima do Teu sangue, das Tuas dores, dos cravos e da lança, do chicote e das piadas, está o holocausto interno do Teu coração, que assume cada instante da Paixão plenamente.

Flagelam-Te, e por dentro dizes *sim* a cada golpe; dizes *sim* em Teu coração também a cada cuspida que recebes, e não terei mais remédio senão dizer também *sim* quando tiver de render meu entendimento, pois Tu, Jesus, disseste *sim* aos espinhos que coroavam Tua cabeça.

Então meu sim será também o Teu, e realizo neste momento a união de nossos corações: pois, quando no amor humano ou no amor divino começa a haver dissonâncias, alguma divergência de interesses, as luzes de alerta começam a acender imediatamente.[6]

---

(6) "Não estorves a obra do Paráclito; une-te a Cristo, para te purificares, e sente, com Ele, os insultos, e os escarros, e as bofetadas..., e os espinhos, e o peso da Cruz..., e os ferros rasgando a tua carne, e as ânsias de uma morte ao desamparo... E mete-te no lado aberto de Nosso Senhor Jesus, até encontrares refúgio seguro em seu Coração chagado". (São Josemaria Escrivá, *Caminho*, n. 58).

Neste momento, posso refletir também sobre o caminho inverso: sobre o fato de que Tu, Senhor, compreendes e compartilhas o que tenho por dentro; sentes em mim, comigo, sendo — por fim — eu mesmo.

Não encontras inconveniente em compartilhar comigo de meu estado de ânimo a cada momento. Melhor ainda: Tu bem o desejas.

Sei que isto se dará naturalmente à medida que me for familiarizando contigo, depois de muito compartilhar o que ambos trazemos dentro de nós.

Sim, não encontras nenhum inconveniente nisto, desde que observes em mim um requisito indispensável: que de fato seja *isso* o que ocupa meu coração, o que desejo que compreendas e compartilhes.

Às vezes, vou a Ti sem a confiança que deveria ter — por exemplo, quando não me animo a falar de certos assuntos porque sei que aí me pedirás mais. Então, fecho esse espaço no meu coração e não deixo que compartilhes comigo este tema. Antes, eu deveria ir a Ti desarmado, de *coração aberto*, porque de verdade anseio por saber-me e sentir-me totalmente compreendido por Ti.

Para apreender o que existe no Teu coração, talvez seja mais fácil apreender, primeiro, o que existe no coração maternal de Maria.

Sim, recorramos ao exemplo do Natal: tentarei entender o que ela guarda no seu coração para copiar o que devo ter no meu. Assim, descubro que seu coração é um coração totalmente absorto na contemplação, na adoração, na gratidão pelo Menino que Deus lhe deu. E esse Coração Imaculado dedica a Ti sua vida, refulgindo de amor e de felicidade; repete mil vezes o desejo de viver apenas para Ti, sem que lhe importe o que terá de sofrer. Eu, que estou ali, que cheguei ao conhecimento íntimo do seu coração, colocarei meu coração em sintonia com o dela e me encherei desses desejos fervorosos de Te amar e de sofrer com ela. Descobri seus modos, e então sinto o que ela sente; e, se permaneço nesta escola, acabarei totalmente identificado com seu amável coração.

Animo-me, portanto, e encho-me de coragem para identificar o que há dentro do Teu coração, para sentir com ele. Já dissemos que é Natal. O que trazes hoje em Teu coração de criança? Quem o ocupa, capturando toda a Tua atenção e Teu afeto de recém-nascido? Tua Mãe! O que descubro neste Teu coração de criança — hoje, Jesus, és verdadeiramente uma criança — é Ela, Maria, Tua Mãe, pois o coração de qualquer bebê se abisma ante o terno e persistente carinho de sua mãe.

Hoje, aprendi de maneira fácil essa lição de profunda oração — a primeira lição cronológica de teu coração de Deus.

Assim chegarei muitas vezes à contemplação, pois nela aprendo a conhecer-Te mais profundamente, a fim de amar-Te mais e seguir-Te.

Agora, amo-Te mais e sigo-Te melhor porque sintonizei com Teu primeiro amor: ela.

Como nosso encontro deu-se no íntimo do meu coração, poderei conservar nosso diálogo no meio de qualquer ocupação terrena.

O dom da contemplação que me dás não está condicionado a determinado lugar ou momento. Eu o levo a todas as partes como um caracol que carrega sua casa nas costas.

Caminho livre por Teus caminhos e sou protegido pela plenitude de amor que trago dentro de mim.

Poderei me dirigir a Ti onde for, fazendo o que tenho de fazer. Na estrada, ou dentro de um avião.

Então, serei capaz de rezar sempre, tornando compatível nossa união amorosa e íntima com qualquer outra ocupação, seja manual ou intelectual. Afinal, cada ação, ainda a mais insignificante, estabelece uma linha contínua que chega com força e velocidade até Teu coração.

Mesmo o trabalho científico mais exigente não diminui a contemplação, pois carrego a música dentro de mim.

Será uma sinfonia de dois corações.[7]

---

(7) "Para um apóstolo moderno, uma hora de estudo é uma hora de oração" (São Josemaria Escrivá, *Caminho*, n. 335).

Epílogo

O MELHOR ORATÓRIO POSSÍVEL

Tentemos agora um último exercício de oração.

Procurarei recolher-me dentro de mim mesmo, ali onde Tu vives.

Se não Te encontro no meu coração, não Te encontrarei em outro lugar, pois vives em mim e, a partir daí, Te comunicas comigo por meio da minha imaginação, de meus sentimentos, de minha inteligência, dando-me luzes e moções que percebo no recolhimento e no silêncio.

Os corações são como capelas, como oratórios em que é possível encontrar-Te, Jesus.

Todavia, há corações e corações, assim como há oratórios e oratórios.

Tentarei, pois, um último exercício de oração, procurando-Te no melhor dos oratórios possíveis.

Era um pequeno oratório; pequeno, fresco e com pouca luz natural. Reinava nele a tranquilidade; ouvia-se o cantar dos passarinhos e o rumor do vento no jardim ao lado. Não havia ninguém rezando ali; nos oratórios vazios pode-se rezar melhor.

Não era uma basílica, nem um santuário, nem mesmo uma capela. Era, simplesmente, um oratório. Dentro, a presença de Jesus enchia tudo.

Ali, Ele, Jesus, sentia-Se completamente à vontade, como no único lugar em que encontrou repouso na terra. No Coração de Maria. O Coração de Maria é o oratório onde se reza melhor.

Quando chegares neste oratório e encontrar-Te com Jesus, olha para Ele detidamente; olha para o Filho de Deus que Se fez homem. "Jesus sentou e começou a falar" (Jo 8, 2). Olha para Ele sentado, como esteve sentado ao falar na sinagoga ou no templo, ou desde a barca de Pedro, ou em algum lugar no monte ou às margens do lago. Está muito mais íntimo agora; só para ti, no melhor oratório possível; está sentado para conversar contigo.

Agora percebes como é o próprio Jesus que te chama e te convida para te sentares perto dEle.

Depois que fizeres isso, Ele te dirá o mesmo que disse a Maria em Betânia: que ela andava inquieta por muitas coisas, quando uma só era necessária.

Jesus volta a falar para te recomendar tranquilidade e sossego.

Dir-te-á que a ansiedade e a falta de paz provêm do demônio e que, por isso, as pressas nos levam ao inferno.

Depois de alguns minutos, Jesus interrompe Sua fala, te olha nos olhos e, sem mostrar-Se bravo ou impaciente, e sim com imensa doçura, pergunta de que te serve estar sentado e ter o corpo imóvel se continuas tendo a alma inquieta e perturbada.

Voltarás então tua atenção para aquela que te deu refúgio no próprio coração e lhe pedirás humildemente que te dê sua paz, pois queres conseguir, finalmente, fazer oração de verdade no seu oratório.

Ela é meu divino oratório, onde encontro sempre Jesus. Ali, rezo com glória.[1]

---

[1] São Luís Maria Grignion de Montfort, Canção 77, estrofe 5.

Direção geral
Renata Ferlin Sugai

Direção de aquisição
Hugo Langone

Produção editorial
Sandro Gomes
Juliana Amato
Gabriela Haeitmann
Ronaldo Vasconcelos
Roberto Martins

Capa
Gabriela Haeitmann

Diagramação
Rafael Marques

ESTE LIVRO ACABOU DE SE IMPRIMIR
A 01 DE JUNHO DE 2024,
EM PAPEL OFFSET 75 g/m^2.